별 헤는 밤

세계시인선

10

별 헤는 밤

윤동주
이남호 엮음

尹東柱

윤동주는 한국 현대시사에서 아주 특이한 시인이다. 그는 생전에 시를 발표한 적이 없다. 윤동주가 젊은 나이로 죽기 전, 약 3년 동안에 쓰인 그의 시들은 마치 일기처럼 그의 내면적 모습을 보여 준다. "하늘을 우러러 한 점 부끄럼 없기를" 갈망했던 시인 윤동주는 동시와 습작시들을 빼고 나면, 서른 편 정도의 시를 남겼을 뿐이다. 그러나 그 시편들이 만들어 내는 시 세계의 내면은 깊고, 그 뜻은 맑고 높다. 거기에는 순결한 영혼이 "손들어 표할 하늘도 없는" 가혹한 시대의 고통 속에서 번뇌한 흔적들이 많은 서정으로 걸러져 보석처럼 빛나고 있다.

그의 시들은 대개 쓰인 날짜들이 밝혀져 있다. 그 순서대로 읽어 보면, 윤동주라는 한 순결한 영혼이 고뇌한 정신적 궤적을 그려 볼 수 있다. 그리고 그 정신적 궤적은 처음이 있고 중간이 있고, 또 끝이 있다. 즉 그가 본격적으로 작품을 쓰기 시작한 이후의 시들은, 마치 그의 삶이 그러했듯이, 한 편의 장시(長詩)로 읽힐 수 있다. 그 한 편의 장시가 끝났을 때, 그의 삶도 끝났다. 너무나 억울하고 짧았던 삶이었으나, 다행히 그는 아름다운 시로써 우리 곁에 영원히 살아 있다.

그가 시로 남긴 아름답고 슬프고 진지한 정신적 궤적은 우리 시 문학사의 소중한 공간으로서, 어린 소녀로부터 반백의 지사(志士)에 이르기까지 폭넓은 독자들에게 시 읽기의 감동을 부여한다.

이남호

차례

자화상 9
병원 12
장미 병들어 13
위로 14
무서운 시간 15
눈 오는 지도 16
새벽이 올 때까지 17
태초의 아침 18
또 태초의 아침 19
십자가 20
눈감고 간다 21
바람이 불어 24
돌아와 보는 밤 25
간판 없는 거리 26
또 다른 고향 28
길 29
별 헤는 밤 32
서시 36
간 37
참회록 40
흰 그림자 41
흐르는 거리 43
사랑스런 추억 44

쉽게 씌어진 시	45
창공	47
참새	48
양지 쪽	49
산림	52
무얼 먹고 사나	53
눈	54
밤	55
달밤	56
장	57
한란계	58
비로봉	60
그 여자	61
비애	62
사랑의 전당	63
슬픈 족속	64
새로운 길	65
소년	66
편지	67
반딧불	68
산울림	69
팔복	72
작가에 대하여: 시인이란 슬픈 천명인 줄 알면서도	73
작품에 대하여: 시대적 양심	77

자화상

산모퉁이를 돌아 논가 외딴 우물을 홀로 찾아가선
가만히 들여다봅니다.

우물 속에는 달이 밝고 구름이 흐르고 하늘이
펼치고 파아란 바람이 불고 가을이 있습니다.

그리고 한 사나이가 있습니다.
어쩐지 그 사나이가 미워져 돌아갑니다.

돌아가다 생각하니 그 사나이가 가엾어집니다.
도로 가 들여다보니 사나이는 그대로 있습니다.

다시 그 사나이가 미워져 돌아갑니다.
돌아가다 생각하니 그 사나이가 그리워집니다.

우물 속에는 달이 밝고 구름이 흐르고 하늘이
펼치고 파아란 바람이 불고 가을이 있고
추억처럼 사나이가 있습니다.

그리고 한 사나이가 있습니다.

어쩐지 그 사나이가 미워저 돌아갑니다.

돌아가다 생각하니 그 사나이가 가엾어저 그

대로 있습니다. 도로 가 드려다 보니 사나이는 그

돌아가다 생각하니 그 사나이가 미워저 돌아갑니다.

다시 그 사나이가 미워저 돌아갑니다.

나다. 돌아가다 생각하니 그 사나이가 그리워집

自画像

산모퉁이를 돌아 논가 외딴우물을 홀로 찾어가선 가만히 드려다 봅니다.

우물속에는 달이 밝고 구름이 흐르고 하늘이 펼치고 파아란 바람이 불고 가을이 있읍니다.

병원

살구나무 그늘로 얼굴을 가리고, 병원 뒤뜰에 누워, 젊은 여자가 흰옷 아래로 하얀 다리를 드러내 놓고 일광욕을 한다. 한나절이 기울도록 가슴을 앓는다는 이 여자를 찾아오는 이, 나비 한 마리도 없다. 슬프지도 않은 살구나무 가지에는 바람조차 없다.

나도 모를 아픔을 오래 참다 처음으로 이곳에 찾아왔다. 그러나 나의 늙은 의사는 젊은이의 병을 모른다. 나한테는 병이 없다고 한다. 이 지나친 시련, 이 지나친 피로, 나는 성내서는 안 된다.

여자는 자리에서 일어나 옷깃을 여미고 화단에서 금잔화 한 포기를 따 가슴에 꽂고 병실 안으로 사라진다. 나는 그 여자의 건강이 — 아니 내 건강도 속히 회복되기를 바라며 그가 누웠던 자리에 누워 본다.

장미 병들어

장미 병들어
옮겨 놓을 이웃이 없도다.

달랑달랑 외로이
황마차(幌馬車) 태워 산에 보낼거나

뚜 — 구슬피
화륜선 태워 대양(大洋)에 보낼거나

프로펠러 소리 요란히
비행기 태워 성층권(成層圈)에 보낼거나

이것저것
다 그만두고

자라가는 아들이 꿈을 깨기 전
이내 가슴에 묻어다오.

위로

    거미란 놈이 흉한 심보로 병원 뒤뜰 난간과 꽃밭 사이 사람 발이 잘 닿지 않는 곳에 그물을 쳐 놓았다. 옥외 요양을 받는 젊은 사나이가 누워서 치어다보기 바르게 ─

    나비가 한 마리 꽃밭에 날아들다 그물에 걸리었다. 노 ─ 란 날개를 파득거려도 나비는 자꾸 감기우기만 한다. 거미가 쏜살같이 가더니 끝없는 끝없는 실을 뽑아 나비의 온몸을 감아 버린다. 사나이는 긴 한숨을 쉬었다.

    나이보담 무수한 고생 끝에 때를 잃고 병을 얻은 이 사나이를 위로할 말이 ─ 거미줄을 헝클어 버리는 것밖에 위로의 말이 없었다.

무서운 시간

거 나를 부르는 것이 누구요,

가랑잎 이파리 푸르러 나오는 그늘인데,
나 아직 여기 호흡이 남아 있소.

한번도 손들어 보지 못한 나를
손들어 표할 하늘도 없는 나를
어디에 내 한 몸 둘 하늘이 있어
나를 부르는 것이오.

일을 마치고 내 죽는 날 아침에는
서럽지도 않은 가랑잎이 떨어질 텐데……

나를 부르지 마오.

눈 오는 지도

순이가 떠난다는 아침에 말 못할 마음으로 함박눈이 나려, 슬픈 것처럼 창 밖에 아득히 깔린 지도 우에 덮인다. 방 안을 돌아다보아야 아무도 없다. 벽과 천장이 하얗다. 방 안에까지 눈이 나리는 것일까, 정말 너는 잃어버린 역사처럼 홀홀이 가는 것이냐, 떠나기 전에 일러둘 말이 있던 것을 편지를 써서도 네가 가는 곳을 몰라 어느 거리, 어느 마을, 어느 지붕 밑, 너는 내 마음속에만 남아 있는 것이냐, 네 쪼고만 발자욱을 눈이 자꼬 나려 덮여 따라갈 수도 없다. 눈이 녹으면 남은 발자욱 자리마다 꽃이 피리니 꽃 사이로 발자욱을 찾아 나서면 일 년 열두 달 하냥 내 마음에는 눈이 나리리라.

새벽이 올 때까지

다들 죽어 가는 사람들에게
검은 옷을 입히시오.

다들 살아가는 사람들에게
흰 옷을 입히시오.

그리고 한 침대에
가즈런히 잠을 재우시오.

다들 울거들랑
젖을 먹이시오.

이제 새벽이 오면
나팔소리 들려 올 게외다.

태초의 아침

봄날 아침도 아니고
여름, 가을, 겨울,
그런 날 아침도 아닌 아침에

빨 — 간 꽃이 피어났네,
햇빛이 푸른데,

그 전날 밤에
그 전날 밤에
모든 것이 마련되었네,

사랑은 뱀과 함께
독은 어린 꽃과 함께.

또 태초의 아침

하얗게 눈이 덮이었고
전신주가 잉잉 울어
하나님 말씀이 들려온다.

무슨 계시일까.

빨리
봄이 오면
죄를 짓고
눈이
밝아

이브가 해산하는 수고를 다하면
무화과 잎사귀로 부끄런 데를 가리고
나는 이마에 땀을 흘려야겠다.

십자가

쫓아오던 햇빛인데
지금 교회당 꼭대기
십자가에 걸리었습니다.

첨탑이 저렇게도 높은데
어떻게 올라갈 수 있을까요.

종소리도 들려오지 않는데
휘파람이나 불며 서성거리다가,
괴로웠던 사나이,
행복한 예수 그리스도에게
처럼
십자가가 허락된다면

모가지를 드리우고
꽃처럼 피어나는 피를
어두워 가는 하늘 밑에
조용히 흘리겠습니다.

눈감고 간다

태양을 사모하는 아이들아
별을 사랑하는 아이들아
밤이 어두웠는데
눈감고 가거라.

가진 바 씨앗을
뿌리면서 가거라.
발부리에 돌이 채이거든
감았던 눈을 와짝 떠라.

단 한 女子를 사랑한 일도 없다.

時代를 슬퍼한 일도 없다.

바람이 작고 부는데

내발이 반석우에 섯다.

강물이 작고 흐르는데

내발이 언덕우에 섯다.

一九四, 二, 二

바람이 불어

바람이 어디로부터 불어와

어디로 불려가는 것일가,

바람이 부는데

내 괴로움에는 理由가 없다.

내 괴로움에는 理由가 없을가,

바람이 불어

바람이 어디로부터 불어와
어디로 불려가는 것일까,

바람이 부는데
내 괴로움에는 이유가 없다.

내 괴로움에는 이유가 없을까,

단 한 여자를 사랑한 일도 없다.
시대를 슬퍼한 일도 없다.

바람이 자꼬 부는데
내 발이 반석 위에 섰다.

강물이 자꼬 흐르는데
내 발이 언덕 위에 섰다.

돌아와 보는 밤

　세상으로부터 돌아오듯이 이제 내 좁은 방에 돌아와 불을 끄옵니다. 불을 켜 두는 것은 너무나 피로롭은 일이옵니다. 그것은 낮의 연장이옵기에 ―

　이제 창을 열어 공기를 바꾸어 들여야 할 텐데 밖을 가만히 내다보아야 방 안과 같이 어두워 꼭 세상 같은데 비를 맞고 오던 길이 그대로 비 속에 젖어 있사옵니다.

　하루의 울분을 씻을 바 없어 가만히 눈을 감으면 마음속으로 흐르는 소리, 이제, 사상(思想)이 능금처럼 저절로 익어 가옵니다.

간판 없는 거리

정거장 플랫폼에
내렸을 때 아무도 없어,

다들 손님들뿐,
손님 같은 사람들뿐,

집집마다 간판이 없어
집 찾을 근심이 없어

빨갛게
파랗게
불붙는 문자도 없이

모퉁이마다
자애로운 헌 와사등(瓦斯燈)에
불을 혀놓고,

손목을 잡으면
다들, 어진 사람들
다들, 어진 사람들

봄, 여름, 가을, 겨울,

순서로 돌아들고.

또 다른 고향

고향에 돌아온 날 밤에
내 백골이 따라와 한 방에 누웠다.

어둔 방은 우주로 통하고
하늘에선가 소리처럼 바람이 불어온다.

어둠 속에서 곱게 풍화 작용하는
백골을 들여다보며
눈물짓는 것이 내가 우는 것이냐
백골이 우는 것이냐
아름다운 혼이 우는 것이냐

지조 높은 개는
밤을 새워 어둠을 짖는다.

어둠을 짖는 개는
나를 쫓는 것일 게다.

가자 가자
쫓기우는 사람처럼 가자.
백골 몰래
아름다운 또 다른 고향에 가자.

길

잃어버렸습니다.
무얼 어디다 잃었는지 몰라
두 손이 주머니를 더듬어
길게 나아갑니다.

돌과 돌과 돌이 끝없이 연달아
길은 돌담을 끼고 갑니다.

담은 쇠문을 굳게 닫아
길 위에 긴 그림자를 드리우고

길은 아침에서 저녁으로
저녁에서 아침으로 통했습니다.

돌담을 더듬어 눈물짓다
쳐다보면 하늘은 부끄럽게 푸릅니다.

풀 한 포기 없는 이 길을 걷는 것은
담 저쪽에 내가 남아 있는 까닭이고,
내가 사는 것은, 다만,
잃은 것을 찾는 까닭입니다.

별하나에 憧憬과	별하나에 쓸쓸함과	별하나에 사랑과	별하나에 追憶과		ㄴ다.	아직 나의 青春이 다하지 않은 까닭입니다	來日밤이 남은 까닭이오,	쉬이 아츰이 오는 까닭이오,	이제 다 못하는 것은

별헤는 밤

季節이 지나가는 하늘에는

가을로 가득 차 있습니다.

나는 아무 걱정도 없이

가을속의 별들을 다 헤일듯 합니다.

별 헤는 밤

계절이 지나가는 하늘에는
가을로 가득 차 있습니다.

나는 아무 걱정도 없이
가을 속의 별들을 다 헤일 듯합니다.

가슴속에 하나 둘 새겨지는 별을
이제 다 못 헤는 것은
쉬이 아침이 오는 까닭이오,
내일 밤이 남은 까닭이오,
아직 나의 청춘이 다하지 않은 까닭입니다.

별 하나에 추억과
별 하나에 사랑과
별 하나에 쓸쓸함과
별 하나에 동경과
별 하나에 시와
별 하나에 어머니, 어머니,

어머님, 나는 별 하나에 아름다운 말 한마디씩 불러 봅니다. 소학교 때 책상을 같이했던 아이들의 이름과 패, 경, 옥 이런 이국 소녀들의 이름과, 벌써 애기 어머니 된

계집애들의 이름과, 가난한 이웃 사람들의 이름과, 비둘기,
강아지, 토끼, 노새, 노루, 프랑시스 잠, 라이너 마리아 릴케
이런 시인의 이름을 불러봅니다.

　이네들은 너무나 멀리 있습니다.
　별이 아스라이 멀듯이,

어머님,
그리고 당신은 멀리 북간도에 계십니다.

나는 무엇인지 그리워
이 많은 별빛이 나린 언덕 위에
내 이름자를 써 보고,
흙으로 덮어 버리었습니다.

따는 밤을 새워 우는 벌레는
부끄러운 이름을 슬퍼하는 까닭입니다.

그러나 겨울이 지나고 나의 별에도 봄이 오면
무덤 위에 파란 잔디가 피어나듯이
내 이름자 묻힌 언덕 위에도
자랑처럼 풀이 무성할 게외다.

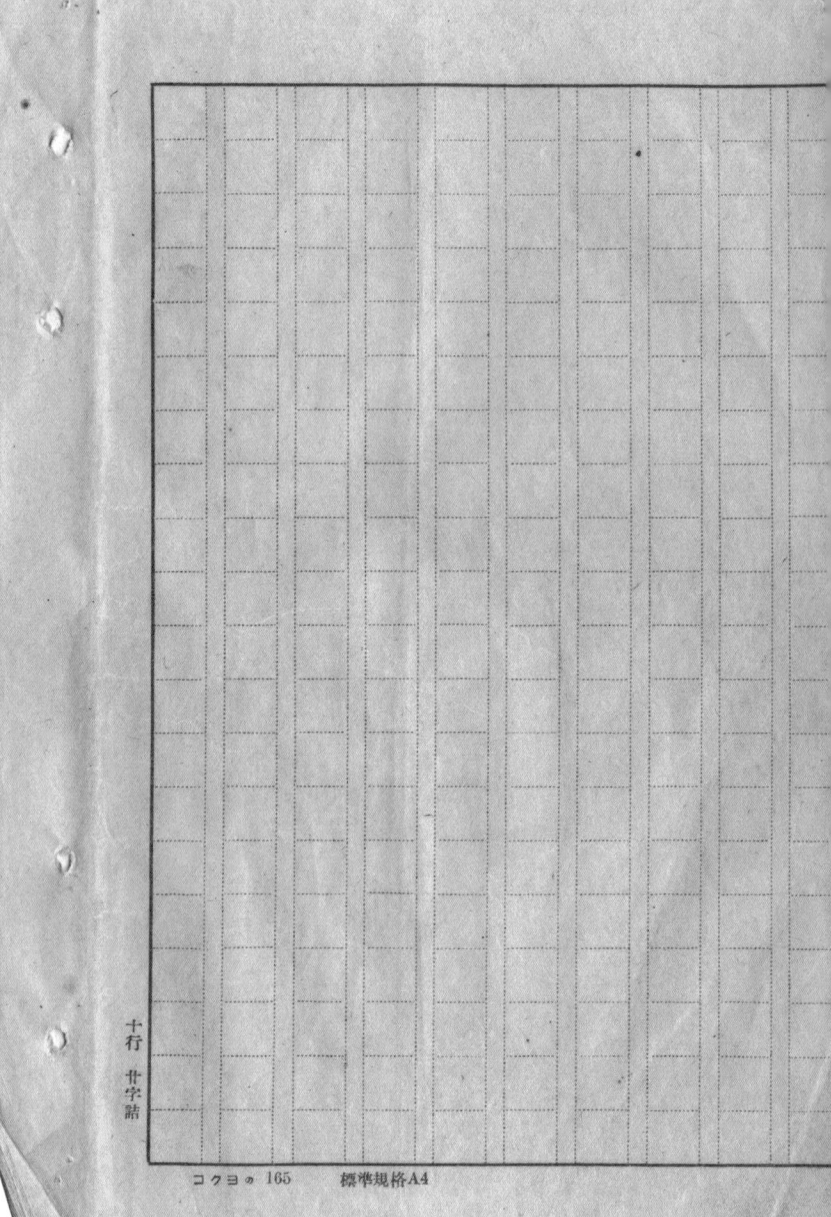

죽는 날까지 하늘을 우르러

한점 부끄럼이 없기를,

잎새에 이는 바람에도

나는 괴로워했다.

별을 노래하는 마음으로

모든 죽어가는 것을 사랑해야지

그리고 나안테 주어진 길을

거러가야겠다.

오늘밤에도 별이 바람에 스치운다.

1941, 11, 20,

서시

죽는 날까지 하늘을 우러러
한 점 부끄럼이 없기를,
잎새에 이는 바람에도
나는 괴로워했다.
별을 노래하는 마음으로
모든 죽어가는 것을 사랑해야지
그리고 나한테 주어진 길을
걸어가야겠다.

오늘 밤에도 별이 바람에 스치운다.

간

바닷가 햇빛 바른 바위 위에
습한 간을 펴서 말리우자.

코카서스 산중에서 도망해 온 토끼처럼
둘러리를 빙빙 돌며 간을 지키자,

내가 오래 기르던 여윈 독수리야!
와서 뜯어 먹어라, 시름없이
너는 살지고
나는 여위어야지, 그러나,

거북이야!
다시는 용궁의 유혹에 안 떨어진다.

프로메테우스 불쌍한 프로메테우스
불 도적한 죄로 목에 맷돌을 달고
끝없이 침전하는 프로메테우스.

와서 또 더 멎어라, 시들어없이

밤은 살지고

나는 여위어야지, 그러나,

거북이야 !

다시는 龍宮의 噩耗에 안떠러진다.

푸로메디어쓰 불상한 푸로메데어쓰

불도 정한 죄로 목에 맷돌을 달고

끝없이 沈殿하는 푸로메테어쓰.

一九四一·一一·二九.

肝

바닷가 해볕 바른 바위우에
습한 肝을 펴서 말리우자,

코카사스 山中에서 도맹해온 토끼처럼
둘러리를 빙빙, 돌며 肝을 직히자.

내가 오래 기르든 여윈 독수리야!

참회록

파란 녹이 낀 구리 거울 속에
내 얼골이 남아 있는 것은
어느 왕조의 유물이기에
이다지도 욕될까

나는 나의 참회의 글을 한 줄에 줄이자
── 만 이십사 년 일 개월을
무슨 기쁨을 바라 살아 왔던가

내일이나 모레나 그 어느 즐거운 날에
나는 또 한 줄의 참회록을 써야 한다.
── 그때 그 젊은 나이에
왜 그런 부끄런 고백을 했던가

밤이면 밤마다 나의 거울을
손바닥으로 발바닥으로 닦아 보자.

그러면 어느 운석 밑으로 홀로 걸어가는
슬픈 사람의 뒷모양이
거울 속에 나타나 온다.

흰 그림자

황혼이 짙어지는 길모금에서
하루종일 시들은 귀를 가만히 기울이면
땅거미 옮겨지는 발자취 소리,

발자취 소리를 들을 수 있도록
나는 총명했던가요.

이제 어리석게도 모든 것을 깨달은 다음
오래 마음 깊은 속에
괴로워하던 수많은 나를
하나, 둘 제 고장으로 돌려보내면
거리 모퉁이 어둠 속으로
소리 없이 사라지는 흰 그림자,

흰 그림자를
연연히 사랑하는 흰 그림자들,

내 모든 것을 돌려보낸 뒤
허전히 뒷골목을 돌아
황혼처럼 물드는 내 방으로 돌아오면

신념이 깊은 의젓한 양처럼

하루종일 시름없이 풀포기나 뜯자.

흐르는 거리

으스름히 안개가 흐른다. 거리가 흘러간다. 저 전차, 자동차, 모든 바퀴가 어디로 흘리어 가는 것일까? 정박할 아무 항구도 없이, 가련한 많은 사람들을 신고서, 안개 속에 잠긴 거리는,

거리 모퉁이 붉은 포스트 상자를 붙잡고 섰을라면 모든 것이 흐르는 속에 어렴풋이 빛나는 가로등, 꺼지지 않는 것은 무슨 상징일까? 사랑하는 동무 박(朴)이여! 그리고 김(金)이여! 자네들은 지금 어디 있는가? 끝없이 안개가 흐르는데,

'새로운 날 아침 우리 다시 정답게 손목을 잡아 보세.' 몇 자 적어 포스트 속에 떨어뜨리고, 밤을 새워 기다리면 금휘장에 금단추를 끼었고 거인처럼 찬란히 나타나는 배달부, 아침과 함께 즐거운 내림(來臨).

이 밤을 하염없이 안개가 흐른다.

사랑스런 추억

봄이 오던 아침, 서울 어느 쪼그만 정거장에서
희망과 사랑처럼 기차를 기다려,

나는 플랫폼에 간신한 그림자를 떨어뜨리고,
담배를 피웠다.

내 그림자는 담배 연기 그림자를 날리고
비둘기 한 떼가 부끄러울 것도 없이
나래 속을 속, 속, 햇빛에 비춰, 날았다.

기차는 아무 새로운 소식도 없이
나를 멀리 실어다 주어,

봄은 다 가고 ─ 동경 교외 어느 조용한
하숙방에서, 옛 거리에 남은 나를 희망과
사랑처럼 그리워한다.
오늘도 기차는 몇 번이나 무의미하게 지나가고,

오늘도 나는 누구를 기다려 정거장 가차운 언덕에서
서성거릴 게다.

─ 아아 젊음은 오래 거기 남아 있거라.

쉽게 씌어진 시

창 밖에 밤비가 속살거려
육첩방(六疊房)은 남의 나라,

시인이란 슬픈 천명인 줄 알면서도
한 줄 시를 적어 볼까,

땀내와 사랑내 포근히 품긴
보내주신 학비 봉투를 받아
대학 노트를 끼고
늙은 교수의 강의 들으러 간다.

생각해 보면 어릴 때 동무를
하나, 둘, 죄다 잃어버리고

나는 무얼 바라
나는 다만, 홀로 침전하는 것일까?

인생은 살기 어렵다는데
시가 이렇게 쉽게 씌어지는 것은
부끄러운 일이다.

육첩방은 남의 나라

창 밖에 밤비가 속살거리는데,

등불을 밝혀 어둠을 조곰 내몰고,
시대처럼 올 아침을 기다리는 최후의 나,

나는 나에게 적은 손을 내밀어
눈물과 위안으로 잡는 최초의 악수.

창공

그 여름날
열정의 포플러는
오려는 창공의 푸른 젖가슴을
어루만지려
팔을 펼쳐 흔들거렸다.
끓는 태양 그늘 좁다란 지점에서
천막 같은 하늘 밑에서
떠들던, 소나기
그리고 번개를,
춤추던 구름은 이끌고
남방으로 도망하고,
높다랗게 창공은 한 폭으로
가지 위에 퍼지고
둥근 달과 기러기를 불러왔다.

푸르른 어린 마음이 이상에 타고,
그의 동경(憧憬)의 날 가을에
조락(凋落)의 눈물을 비웃다.

참새

가을 지난 마당은 하이얀 종이
참새들이 글씨를 공부하지요.

째액째액 입으로 받아 읽으며
두 발로는 글씨를 연습하지요.

하루종일 글씨를 공부하여도
쩍자 한 자밖에는 더 못 쓰는걸.

양지 쪽

저쪽으로 황토 실은 이 땅 봄바람이
호인(胡人)의 물레바퀴처럼 돌아 지나고

아롱진 사월 태양의 손길이
벽을 등진 섧은 가슴마다 올올이 만진다.

지도째기* 놀음에 뉘 땅인 줄 모르는 애 둘이
한 뼘 손가락이 짧음을 한함이여

아서라! 가뜩이나 엷은 평화가
깨어질까 근심스럽다.

* 지도째기: 땅따먹기를 뜻한다.

개、

눈 위에 나려서 ~~우에에서리는~~

개가 눈을 한줌 멍고

굴씨도 쓰거말고

꽃을 그리며 우표도 부치지말고

뛰오.

편지 말숙하게 그대로

누나! 편지를 부칠가오

이겨울에도 × ×
눈이가득이 왓읍니다。 누나가신 나라엔

× × × 눈이 아니 온다기에。

참새 · (求 술)

가을거둔 마당을 뻥 노지 인양

참새들이 글씨를 공부까지은,

째 액째액 입으로

두발로는 글씨를

하루종일 글씨 놀를 연습하여도

책자한자 받게는 더믈쓰는걸

참새들이 글씨공부까지은
앞마당을 노지인양 그러면
짹, 째기, 집을쓰 불리면서,
두발로는 글씨쓰고쓰고하면서,
하루종일 글씨공부한들
책자 한자 받에 더물씨는걸

五三六一月

산림

시계가 자근자근 가슴을 때려
불안한 마음을 산림이 부른다.

천 년 오래인 연륜에 짜들은 유암(幽暗)한 산림이,
고달픈 한 몸을 포옹할 인연을 가졌나 보다.

산림의 검은 파동 위으로부터
어둠은 어린 가슴을 짓밟고

이파리를 흔드는 저녁 바람이
솨 — 공포에 떨게 한다.

멀리 첫 여름의 개구리 재질댐에
흘러간 마을의 과거는 아찔타.

나무 틈으로 반짝이는 별만이
새 날의 희망으로 나를 이끈다.

무얼 먹고 사나

바닷가 사람
물고기 잡아 먹고 살고

산골엣 사람
감자 구워 먹고 살고

별나라 사람
무얼 먹고 사나.

눈

지난밤에
눈이 소오복이 왔네

지붕이랑
길이랑 밭이랑
추워한다고
덮어 주는 이불인가봐

그러기에
추운 겨울에만 나리지

밤

오양간 당나귀
아 — 외마디 울음 울고,

당나귀 소리에
으 — 아 아 애기 소스라쳐 깨고,

등잔에 불을 다오.

아버지는 당나귀에게
짚을 한 키 담아 주고,

어머니는 애기에게
젖을 한 모금 먹이고,

밤은 다시 고요히 잠드오.

달밤

흐르는 달의 흰 물결을 밀쳐
여윈 나무 그림자를 밟으며
북망산을 향한 발걸음은 무거웁고
고독을 반려(伴侶)한 마음은 슬프기도 하다.

누가 있어만 싶은 묘지엔 아무도 없고,
정숙만이 군데군데 흰 물결에 폭 젖었다.

장

이른 아침 아낙네들은 시든 생활을
바구니 하나 가득 담아 이고……
업고 지고…… 안고 들고……
모여드오 자꾸 장에 모여드오.

가난한 생활을 골골이 벌려 놓고
밀려가고 밀려오고……
저마다 생활을 외치오…… 싸우오.

온 하루 올망졸망한 생활을
되질하고 저울질하고 자질하다가
날이 저물어 아낙네들이
쓴 생활과 바꾸어 또 이고 돌아가오.

한란계*

싸늘한 대리석 기둥에 모가지를 비틀어 맨 한란계,
　문득 들여다볼 수 있는 운명한 오척 육촌의 허리 가는
수은주,
　마음은 유리관보다 맑소이다.

혈관이 단조로워 신경질인 여론 동물,
가끔 분수 같은 냉(冷)침을 억지로 삼키기에
정력을 낭비합니다.

영하로 손가락질할 수돌네 방처럼 치운 겨울보다
해바라기 만발한 팔월 교정(校庭)이 이상(理想) 곺소이다.
피 끓을 그날이 —

어제는 막 소낙비가 퍼붓더니 오늘은 좋은 날세올시다.
동저고리 바람에 언덕으로, 숲으로 하시구려 —
이렇게 가만가만 혼자서 귓속 이야기를 하였습니다.

나는 또 내가 모르는 사이에 —
나는 아마도 진실한 세기의 계절을 따라 —

---

* 한란계(寒暖計): 사람이 일상생활을 할 수 있는 범위 내의 온도를 측정하도록 눈금을 설정한 온도계를 뜻한다.

하늘만 보이는 울타리 안을 뛰쳐,
역사 같은 포지션을 지켜야 봅니다.

비로봉

만상(萬象)을
굽어보기란 —

무릎이
오들오들 떨린다.

백화(白樺)
어려서 늙었다.

새가
나비가 된다.

정말 구름이
비가 된다.

옷자락이
칩다.*

---

* '춥다'의 북간도 사투리 표현이다.

그 여자

함께 핀 꽃에 처음 익은 능금은
먼저 떨어졌습니다.

오늘도 가을 바람은 그냥 붑니다.

길가에 떨어진 붉은 능금은
지나는 손님이 집어 갔습니다.

비애

호젓한 세기의 달을 따라
알 듯 모를 듯한 데로 거닐고저!

아닌 밤중에 튀기듯이
잠자리를 뛰쳐
끝없는 광야를 홀로 거니는
사람의 심사는 외로우려니

아 — 이 젊은이는
피라미드처럼 슬프구나

사랑의 전당

순아 너는 내 전(殿)에 언제 들어왔던 것이냐?
내사 언제 네 전(殿)에 들어갔던 것이냐?

우리들의 전당은
고풍한 풍습이 어린 사랑의 전당

순아 암사슴처럼 수정눈을 내려감아라.
난 사자처럼 엉클린 머리를 고르련다.

우리들의 사랑은 한낱 벙어리였다.

성스런 촛대에 열(熱)한 불이 꺼지기 전
순아 너는 앞문으로 내달려라.

어둠과 바람이 우리 창에 부닥치기 전
나는 영원한 사랑을 안은 채
뒷문으로 멀리 사라지련다.

이제 네게는 삼림 속의 아늑한 호수가 있고
내게는 험준한 산맥이 있다.

슬픈 족속

흰 수건이 검은 머리를 두르고
흰 고무신이 거친 발에 걸리우다.

흰 저고리 치마가 슬픈 몸집을 가리고
흰 띠가 가는 허리를 질끈 동이다.

새로운 길

내를 건너서 숲으로
고개를 넘어서 마을로

어제도 가고 오늘도 갈
나의 길 새로운 길

민들레가 피고 까치가 날고
아가씨가 지나고 바람이 일고

나의 길은 언제나 새로운 길
오늘도…… 내일도……

내를 건너서 숲으로
고개를 넘어서 마을로

소년

 여기저기서 단풍잎 같은 슬픈 가을이 뚝뚝 떨어진다. 단풍잎 떨어져 나온 자리마다 봄을 마련해 놓고 나뭇가지 위에 하늘이 펼쳐 있다. 가만히 하늘을 들여다보려면 눈썹에 파란 물감이 든다. 두 손으로 따뜻한 볼을 쓸어 보면 손바닥에도 파란 물감이 묻어난다. 다시 손바닥을 들여다본다. 손금에는 맑은 강물이 흐르고, 맑은 강물이 흐르고, 강물 속에는 사랑처럼 슬픈 얼굴 — 아름다운 순이의 얼굴이 어린다. 소년은 황홀히 눈을 감아 본다. 그래도 맑은 강물은 흘러 사랑처럼 슬픈 얼굴 — 아름다운 순이의 얼굴은 어린다.

편지

누나!
이 겨울에도
눈이 가득히 왔습니다.

흰 봉투에
눈을 한 줌 넣고
글씨도 쓰지 말고
우표도 붙이지 말고
말쑥하게 그대로
편지를 부칠까요?

누나 가신 나라엔
눈이 아니 온다기에.

반딧불

가자 가자 가자
숲으로 가자
달 조각을 주우러
숲으로 가자.

        그믐밤 반딧불은
        부서진 달 조각,

가자 가자 가자
숲으로 가자
달 조각을 주우러
숲으로 가자.

산울림

까치가 울어서
산울림,
아무도 못 들은
산울림,

까치가 들었다,
산울림,
저 혼자 들었다,
산울림,

술 떠 하는 자는 복이 있나니
눈을 떠 하는 자는 복이 있나니
눈을 떠 하는 자는 복이 있나니
~~대~~ 게 가 하느님을 볼것이오.
저희가 하느님을 볼것이오.
저희가 永遠히 술 돌 것이오.

八福

마태福음 五장 三―十二

슬퍼하는자는 복이 있나니
슬퍼하는자는 복이 있나니
슬퍼하는자는 복이 있나니
슬퍼하는자는 복이 있나니
슬퍼하는자는 복이 있나니

팔복

— 마태복음 5장 3-12절

슬퍼하는 자는 복이 있나니
슬퍼하는 자는 복이 있나니
슬퍼하는 자는 복이 있나니
슬퍼하는 자는 복이 있나니
슬퍼하는 자는 복이 있나니
슬퍼하는 자는 복이 있나니
슬퍼하는 자는 복이 있나니
슬퍼하는 자는 복이 있나니

저희가 영원히 슬플 것이오.

작가에 대하여

시인이란 슬픈 천명인 줄 알면서도

1917년 12월 30일 북간도에서 태어났다. (당시 주소는 '중화민국 동북부 간도성 화룡현 명동촌'이다.) 할아버지가 북간도로 이주하여 농사를 지었는데, 고향 명동촌에서 부유하기로 이름난 집안이었다. 아버지 윤영석은 중국 베이징과 일본 도쿄에서 단기간 공부를 하고 돌아와 명동소학교와 중학교에서 교사 생활을 하다가, 후에 포목상, 인쇄소, 양계업 등에 종사했다.

윤동주는 고종사촌 송몽규, 문익환 등과 함께 명동소학교에 입학하여 한학자였던 외삼촌 김약연 선생의 가르침 아래 항일의식을 배웠다. 문학소년 윤동주는 5학년 때 친구들과 《새명동》이라는 잡지를 만들었고 "성품이 순하고 눈물이 많은 소년"이었다. 1932년 가족이 룽징으로 옮기고 윤동주는 은진중학교에 입학한다. 윤동주가 어린 시절을 보냈던 당시는 명동촌과 룽징의 소속 나라가 청국에서 중화민국으로, 다시 만주국으로 바뀌는 격동의 시절이었다.

1935년 윤동주는 문익환과 함께 평양의 숭실학교로 옮겨 가지만, 신사참배를 거부하기 위해 자퇴하고, 룽징으로 돌아와 광명학원 중학부에 편입한다. 당시 목사들도 신사참배를 거부하기 힘들었던 시절이라, 어린 윤동주의 자퇴는 이후로도 힘든 삶에 부딪히게 되리라는 걸 예고한다. 윤동주가 다녔던 은진중학교, 숭실중학교, 연희전문학교, 도시샤대학은 모두 기독교 계통의 학교들이다. 학창 시절을 함께 보냈던 문익환은 특별한 친구들에 대해 이렇게 회고했다.

"송몽규, 윤동주, 나, 이 세 사람이 친구들 중에서 특히

두드러졌었지요. 그런데 그 세 사람의 관계가 어땠는가
하면, 나는 윤동주가 아무래도 나보다 한 발 앞선다는
것을 느끼고 열등감을 가졌고, 그 윤동주는 또 자기보다
송몽규가 매사에 한 발 앞서는 것을 느껴서 송몽규에
대한 열등감을 가지고 있었어요. 동주가 몽규를 두고
'대기는 만성이다.'라는 말로 벼르곤 했는데, 그건
뒤집어 보면 '현재는 내가 너에게 뒤지고 있다.'는 것을
인정하는 것이지요. 그들 둘 다 정말 대단히 특출한
친구들이었지요."

— 송우혜, 『윤동주 평전』에서 재인용

  1938년, 윤동주는 서울로 가서 송몽규와 함께 문학을 꿈꾸며
연희전문학교 문과에 들어간다. (문익환은 도쿄로 건너가 일본신학교에
입학한다.) 1941년 연희전문학교를 졸업을 기념하여 시집『하늘과
바람과 별과 시』를 출간하려고 했으나 뜻을 이루지 못한다.
1942년 윤동주는 릿쿄대학 영문학과에, 송몽규는 교토제국대학
서양사학과에 입학하는데, 윤동주가 도시샤대학 영문학과로
옮겨서 다시 송몽규와 재회한다.
  오랜 유학 생활로 타지 생활을 했던 윤동주는 고향을
그리워하여 흑인 영가 「내 고향으로 날 보내주」를 자주 불렀다고
한다. "내 고향으로 날 보내주. 오곡백화가 만발하게 피었고
종달새 높이 떠 지저귀는 곳. 이 늙은 흑인의 고향이로다. (……) 내
고향으로 날 보내주. 이 몸이 다 늙어 떠나기까지 그 호숫가에서
놀게 하여주. 거기서 내 몸을 마치리로다." 윤동주는 방학에
북간도로 돌아오면 동네 아이들을 둥글게 모아 놓고 훌륭한
위인들의 이야기를 들려주는 한편 「아리랑」, 「도라지」 같은
민요와 이 흑인 영가를 가르쳐 주곤 했다.
  1943년 7월 10일, 송몽규가 독립운동 혐의로 검거되고,
나흘 후에 윤동주도 같은 혐의로 체포되어 교토의 가모가와

경찰서에 구금되었다. 고향으로 돌아갈 채비를 하고 있을 때였다. 윤동주가 우리말로 시를 쓴 게 문제의 발단이었다. 1944년 일본 내무성 경보국 보안과는 이렇게 기록하고 있다. "[송몽규가] 윤동주랑 의논하며 연희전문을 거쳐 일본에서까지 조선독립의 궁극적 목적으로 세계 역사 및 문학을 연구함과 동시에 민족문화의 유지에 노력하고 있었다." 판결문에 의하면 윤동주는 "우리[일본]의 조선 통치의 방침을 보고 조선 고유의 민족문화를 절멸하고 조선 민족의 멸망을 도모하는 것이라고 여긴 결과, 이에 조선 민족을 해방하고 그 번역을 초래하기 위해서는 조선으로 하여금 일본제국 통치권의 지배로부터 이탈시켜 독립국가를 건설하는 수밖에" 없다고 생각했다.

　윤동주는 규슈 후쿠오카형무소에서 사상범을 뜻하는 빨간 죄수복을 입었다. 그의 죄명은 '사상 불온, 독립 운동, 비일본 신민(非日本臣民), 온건하나 서구사상 농후' 등이었다. 그는 징역 2년형을 언도받고 후쿠오카 형무소에서 복역하던 중 송몽규와 함께 의심스러운 주사를 맞고 나서부터 피골이 상접해지면서 앓기 시작했다. 일본 당국이 생체실험을 하기 위하여 바닷물을 주사한 것으로 의심되고 있다. 결국 윤동주는 1945년 광복을 코앞에 두고 2월 16일 옥사했다. (며칠 뒤 송몽규도 그 뒤를 따랐다.)

　고향에서는 어느 일요일 오전 식구들이 모두 교회에 나간 집을 지키고 있던 동행 윤일주가 전보를 받았다. "2월 16일 동주 사망, 시체 가지러 오라." 그런데 얼마 후에 또 한 통의 통지서가 도착했다. "동주 위독함. 원한다면 보석할 수 있음. 만약 사망시에는 시체를 인수할 것. 아니면 규슈제국대학에 해부용으로 제공할 것임. 속답 바란다."

　그렇게 윤동주는 후쿠오카에서 재가 되어 고향으로 돌아왔고, 룽징 동산의 교회 묘지에 묻혔다. 그의 장례식에서 「자화상」과 「새로운 길」이 낭독되었다.

　1946년 윤일주는 윤동주가 연희전문 시절 하숙생활을

함께했던 정병욱을 찾아갔는데, 그가 마침 시골집 마루 밑에 숨겨 놓았던 윤동주의 시집 원고를 건네주었다. 또 한 명의 대학 친구이자 당시《경향신문》기자였던 강처중이「쉽게 씌어진 시」를 신문 지면에 실었다. 그리하여 1948년 1월, 윤동주의 유작 서른한 편을 모아 유고시집『하늘과 별과 바람과 시』가 발간되었다.

작품에 대하여

시대적 양심

이남호

윤동주는 1917년 간도의 명동촌이란 곳에서 태어나, 비교적 행복하고 아름다운 어린 시절을 보냈다. 그는 아주 다정다감한 소년이었고, 중학교 때는 동시를 많이 썼다. 그의 동시들은 갈등이 없는, 순수하고 아름다운 화해의 세계를 소박하게 보여 준다. 은진중학교와 명동중학교를 거쳐 윤동주는 1938년, 연희전문학교에 입학한다. 중학 시절, 민족의식을 자극할 만한 여러 가지 정치적 사건들을 체험하긴 하지만, 그의 중학 시절은 대체로 온화하고 다정다감한 문학 소년의 모습을 보여 주었다고 한다.

윤동주가 천진난만한 동시의 세계에서 한 걸음 나아가 민족이 처한 구체적 현실을 인식하기 시작한 것은, 연희전문학교에 입학한 22세 무렵으로 보인다. 그러나 윤동주의 민족과 시대에 대한 인식은 조심스럽고 내면적이고 실존적이었으며, 굳은 실천적 신념이 아니라 내면적 갈등의 형태로 나타났다. 외면적으로 볼 때 연희전문 당시의 윤동주는 매우 안정되고 차분한 삶을 살았던 것으로 보이나 내면적으로는 종교까지 회의할 만큼 심각한 갈등을 겪었다. 윤동주는 이러한 갈등을, 마치 일기를 쓰듯 시로 써서 남겨두었다.

윤동주 시의 출발 지점

윤동주의 삶, 그에 대한 여러 사람들의 회고, 그리고 그가 남긴 글들을 종합해 볼 때, 그는 매우 조용하고 내면적인 성격의 소유자이다. 그의 본질적인 자아는 그가 15세 때까지 생활한 현 중국 길림성 룽징의 북간도 명동촌의 삶에서 형성된 것으로, 평화와 화해의 세계를 지향하는 자아이다. 그후 명동촌을 떠나 여러 곳을 옮겨 다니면서 성장기를 보내게 되는데 이때 그는 삶이 어둠의 요소도 가지고 있음을 막연히 체험하게 된다. 그러나 그럴수록 그는 명동촌에서의 삶을 이상화시켰고, 그러한 삶의 지향이 자신이 가야 할 길이라고 생각하였다. 그 세계는 아름다운 서정의 세계이며, 따뜻한 동시의 세계이기도 하고 또 모든 것이 화해롭게 어울려 있는 세계이기도 했다. 윤동주가 어릴 때부터 가지고 있었던 기독교의 세계도 바로 이 세계의 일부로 이해될 수 있다. 그는 삶의 어둠을 감지했으나 성장기 동안에는 그 어둠에 물들지 않고 자기의 순수 세계만을 지키면 된다고 생각했던 것 같다. 그래서 그의 성장기의 습작품들을 보면 동시의 아름답고 순수한 세계가 지배적인 경향이다.

　　지난밤에
　　눈이 소오복이 왔네

　　지붕이랑
　　길이랑 밭이랑
　　추워한다고
　　덮어 주는 이불인가 봐

　　그러기에
　　추운 겨울에만 나리지

「눈」(1936년 12월)이란 동시이다. 소박한 이 동시에서 보듯이 중학 시절까지 윤동주의 문학적 지향은 순수하고 아름다운 화해와 평화의 세계였다. 그 세계는 눈이 이불이 되어 추운 겨울 대지를 덮어 주는 그러한 세계다.

그러나 사춘기를 넘어서면서 윤동주는 현실이라는 보다 큰 세계를 필연적으로 만나게 된다. 한 인간의 정신적 성숙은, 밀폐된 동시의 세계에서 현실 세계로 나아가는 과정을 거치지 않을 수 없다. 더욱이 윤동주가 처했던 현실은 가혹한 식민지 현실이었다. 그는 어두운 현실에 눈떠가면서, 아름답고 평화로운 동시의 세계를 포기해야 할지도 모른다는 불안감을 느낀다. 윤동주가 1938년 6월 19일에 쓴 아래 시에는 동시의 세계와 이별하고 현실의 세계로 가야만 한다는 아쉬운 마음이 표현되어 있다.

순아 너는 내 전(殿)에 언제 들어왔던 것이냐?
내사 언제 네 전(殿)에 들어갔던 것이냐?

우리들의 전당은
고풍한 풍습이 어린 사랑의 전당

순아 암사슴처럼 수정눈을 내려감아라.
난 사자처럼 엉클린 머리를 고르련다.

우리들의 사랑은 한낱 벙어리였다.

성스런 촛대에 열(熱)한 불이 꺼지기 전
순아 너는 앞문으로 내달려라.

어둠과 바람이 우리 창에 부닥치기 전
나는 영원한 사랑을 안은 채
뒷문으로 멀리 사라지련다.

이제 네게는 삼림 속의 아늑한 호수가 있고
내게는 험준한 산맥이 있다.

 이 시는 윤동주가 연희전문학교에 입학한 후, 시대 현실을 진지하게 인식하면서 쓴 것이다. 이 시에는 두 개의 세계가 대립되어 있다. 하나는 순이가 지니고 있는 아름답고 평화로운 세계이고, 다른 하나는 나에게 주어진 어둡고 가혹한 세계이다. 원래 나는 순이의 세계 속에 포함되어 있었다. 즉, 두 사람은 '사랑의 전당'에서 화해롭게 있었다. 그런데 시인은 그 사랑이 벙어리였으며, 이제는 떠나야 할 것임을 분명히 한다. 시인이 아름다운 사랑의 세계를 버리고 새롭게 가야 할 세계는 험준한 산맥과 같은 곳이다.
 시인은 왜 사랑의 전당을 버리고 사자처럼 헝클린 머리를 하고 험준한 산맥으로 내달아야 했는가? 순이와의 사랑은 곧 아름답고 순수한 동시의 세계에 몰입해 있음을 뜻한다. 시인은 이 동시의 세계를 벗어나야 함을 깨달은 것이다. 그 아름다운 동시의 세계를 영원히 사랑하긴 하지만, 식민지라는 가혹한 시대 현실을 눈감고 살 수는 없었던 것이다. 현실에 눈뜬다는 것은 곧 현실의 어둠과 모순과 고통에 눈뜬다는 것을 의미한다. 더구나 식민지 현실에 눈뜬다는 것은, 시인으로 하여금 수정 눈을 지닌 암사슴이 아니라 머리 헝클린 사자와 같은 모습이 될 것을 요구한다. 그 모습은 시인이 지닌 본질적인 자아가 추구하는 바가 아니지만, 현실과의 정직한 대면을 위해서는 어쩔 수 없다고 느끼는 것이다. 그러니까 「사랑의 전당」은 동시의 세계를 버리고 현실의 세계로 나아가야 한다는 시인의 자각을 보여 주는 작품이다.
 이 무렵부터 윤동주는 우리 민족이 처한 참혹한 현실을 진지하게 탐구하기 시작한다. 아마도 여리고 착한 심성의 시인에게 포착된 현실의 모습은 충격적이었을 것이다. 그러나 윤동주가 인식한 식민지 현실이 어떤 것이었는지 구체적으로 알 수는 없다. 그가 실존적 차원에서 체험하고 관찰한 식민지 현실의 모습을 구체적 기록으로 남겨 놓은 것은 없다. 윤동주 문학의 대상은 식민지 현실 그 자체가 아니라, 아름다운 화해의 세계를 지향하는 그의 본성과 가혹한 시대를 정직하게 대면하고자 하는 그의 양심 사이의 내면적 갈등이다. 앞서 잠깐 말한 바 있지만, 윤동주의 본질적 자아는 '별을 사랑하는 마음으로 모든 죽어가는 것을 사랑'하고자 하는 자아이다. 그러나 식민지 현실의 모순과 참혹함은 시인으로 하여금 그러한 사랑을 유보하게 만든다. 즉 민족을 도탄에 빠뜨리고 무수한 죄악을 저지르는 일본 제국에 대해서까지 순수한 사랑의 실천을 적용할 수는 없는 일이며, 현실을 문제 삼는다는 것은 증오와 싸움까지도 포함하는 것이다. 이것은 원수까지도 사랑하고자 하는 마음에 위배되는 것이면서 또 현실적 당위요 시대적 야심의 요청이다. 윤동주는 이러한 내면적 갈등 속에서 진지하게 고뇌하였고, 또 그 고뇌를 시로 남겼다.

거 나를 부르는 것이 누구요

윤동주의 본격적인 시 세계는 「자화상」으로부터 시작되는 것 같다. 그동안 윤동주는 고향인 명동촌의 삶으로 표상되는 화해와 사랑의 세계에 머물고자 하였으나 그럴 수 없다는 막연한 느낌으로 혼란스러워 하였는데, 「자화상」에 이르러 그 혼란된 자신의 모습에 대한 명징한 인식이 이루어진다.

> 산모퉁이를 돌아 논가 외딴 우물을 홀로 찾아가선
> 가만히 들여다봅니다.

우물 속에는 달이 밝고 구름이 흐르고 하늘이
펼치고 파아란 바람이 불고 가을이 있습니다.

그리고 한 사나이가 있습니다.
어쩐지 그 사나이가 미워져 돌아갑니다.

돌아가다 생각하니 그 사나이가 가엾어집니다.
도로 가 들여다보니 사나이는 그대로 있습니다.

다시 그 사나이가 미워져 돌아갑니다.
돌아가다 생각하니 그 사나이가 그리워집니다.

우물 속에는 달이 밝고 구름이 흐르고 하늘이
펼치고 파아란 바람이 불고 가을이 있고
추억처럼 사나이가 있습니다.

　1939년 9월에 씌어진 작품이다. 단순한 듯하지만 자신의
내면 모습을 미묘하고 섬세한 무늬로 그려 낸 수작(秀作)이다.
이 시에 나오는 사나이는 제목과 관련해서 생각해 볼 때, 시인
자신이다. 자신에 대한 미움의 감정과 연민 또는 그리움의 감정이
교차되고 있다. 왜 그 사나이는 우물 속에 있으며, 또 왜 시인은
그 사나이를 미워했다가 그리워했다가 변덕을 부리는가? 우물
속에는 달이 밝고 구름이 흐르고 하늘이 펼치고 파아란 바람이
불고 가을이 있다. 매우 서정적이고 아름다운 세계이다. 그러나
그것은 우물 속이므로 매우 좁은 세계이다. 이 세계는 시인이
좋아하는 유년의 순수한 세계 또는 아름다운 동시의 세계라
할 수 있다. 그러나 그 세계는 현실을 외면한 좁고 개인적인
공간이다. 이 세계에 침잠해 있는 사나이란 아름다운 동시의
세계를 지향하는 윤동주의 본질적 자아라고 짐작된다. 시인은

시대 현실로 나아가야 하므로 그런 자아를 떠나고자 한다. 그것은 현실적 존재가 되기 위해서 버려야 할 자아인 것이다. 그러나 한편으로 시인이 진정 사랑하는 세계는 바로 그런 세계이다. 따라서 그 자아를 포기하는 것이 아쉽다. 이러한 갈등 속에 있는 모습이 바로 시인의 자화상이다.

그런데 이 시를 좀 더 면밀하게 읽어 보면, 갈등이 진행됨에 따라 본질적 자아와 현실적 자아의 거리가 점점 벌어지고 마침내는 본질적 자아가 '추억'처럼 희미하게 존재하게 됨을 알 수 있다. 즉 본질적 자아와 현실적 자아가 갈등을 일으키되, 시간이 흐를수록 시인은 현실적 자아 쪽으로 나아갈 수밖에 없음을 교묘하게 드러내고 있는 것이다.

시인은 좀처럼 동시의 세계를 저버릴 수 없지만, 그러나 이제 시인은 동시를 쓰는 대신 가혹한 민족적 현실에 관심을 두기 시작한다. 그가 파악한 민족의 현실은 심각하게 병들어 있다. 윤동주가 당시 우리 민족의 현실을 어떻게 파악해 가고 있었는가는 「병원」이란 작품을 통해 짐작해 볼 수 있다.

　　살구나무 그늘로 얼굴을 가리고, 병원 뒤뜰에 누워, 젊은 여자가 흰옷 아래로 하얀 다리를 드러내 놓고 일광욕을 한다. 한나절이 기울도록 가슴을 앓는다는 이 여자를 찾아오는 이, 나비 한 마리도 없다. 슬프지도 않은 살구나무 가지에는 바람조차 없다.

　　나도 모를 아픔을 오래 참다 처음으로 이곳에 찾아왔다. 그러나 나의 늙은 의사는 젊은이의 병을 모른다. 나한테는 병이 없다고 한다. 이 지나친 시련, 이 지나친 피로, 나는 성내서는 안 된다.

　　여자는 자리에서 일어나 옷깃을 여미고 화단에서

금잔화 한 포기를 따 가슴에 꽂고 병실 안으로 사라진다.
나는 그 여자의 건강이 — 아니 내 건강도 속히
회복되기를 바라며 그가 누웠던 자리에 누워 본다.

　이 작품은 시인 스스로 중요한 의미를 부여하였던 작품이다. 그가 연희전문학교를 졸업할 무렵 출간하려 했던 자선 시집의 제목을 처음에는 이 작품의 제목인 '병원'으로 하려 했다고 한다.
　여기서 '병원'이란 시대에 대한 비유임이 거의 확실하다. 즉 병원은 당시 우리의 상황을 의미하고, 병든 젊은 여자는 우리 민족을 의미한다. 흰옷을 입고 있는 병든 여자에게는 나비조차 찾아오지 않는다. 즉 소박한 아름다움의 추구가 전혀 허락되지 않고, 병들어 있는 상황을 암시한다. 2연에서 시인 역시 병들어 병원을 찾아왔으나 그 병은 의사가 고칠 수 있는 병이 아니다. 그것은 시대적인 병이다. 병든 시대에 대한 증세와 치유법을 아직 알지 못한다.
　그래서 시인은 3연에 이르러 그 여자가 누웠던 자리에 누워 본다. 이 행위는 민족적 고통의 자리에 자신을 위치시킴으로써 민족의 현실을 보다 잘 파악해 보겠다는 의지를 드러낸다. 민족의 병이 치유되지 않고서는 자신의 병도 치유되지 않는다는 사실을 깨달음이 전제되어 있는 것이다. 그러니까 이 시는 윤동주가 당시의 시대상이 병든 상태임을 분명히 인식하고, 그 인식의 연장선 위에서 그에게 주어진 길이 무엇인가를 스스로 질문해 보는 작품이라고 할 수 있다.
　윤동주는 병든 시대를 인식해 감에 따라 아름다운 동시의 세계를 포기하고 시대를 위해 자신의 삶을 바쳐야 한다는 시대적 양심의 요청을 강하게 받는다. 그가 「무서운 시간」에서 "거 나를 부르는 것이 누구요."라고 물었을 때, 그를 부르고 있는 것은 바로 시대적 양심의 소리라고 말할 수 있다.

내 괴로움에 이유는 없을까?

  윤동주는 가혹한 식민지 현실을 실존적 체험으로 인식하고 자신의 내면에서 나오는 시대적 양심의 소리를 의식한다. 이즈음에서 윤동주의 내면적 갈등은 본격적으로 깊어진다. 그는 괴로움에 시달린다. 그러나 이 괴로움은 가혹한 시대가 강요하는 현실적 삶의 어려움이라기보다는 형이상학적이고 내면적인 고뇌로 이해된다. 「바람이 불어」라는 시에서 시인은 스스로 괴로움의 이유를 묻는다.

    바람이 어디로부터 불어와
    어디로 불려가는 것일까,

    바람이 부는데
    내 괴로움에는 이유가 없다.

    내 괴로움에는 이유가 없을까,

    단 한 여자를 사랑한 일도 없다.
    시대를 슬퍼한 일도 없다.

    바람이 자꼬 부는데
    내 발이 반석 위에 섰다.

    강물이 자꼬 흐르는데
    내 발이 언덕 위에 섰다.

  윤동주의 시에서 바람은 상반된 두 가지 의미로 사용되는 듯하다. 하나는 「자화상」 등에서와 같이 아름다운 자연물의

심상으로 쓰이고, 다른 하나는 이 작품과 「서시」 등에서와 같이
시련, 특히 시대적 시련을 의미하는 것 같다. 2연에서는 괴로움의
이유가 없다고 말하고 그 다음 연에서는 그 진술을 의문형으로
바꾸어 "내 괴로움에는 이유가 없을까?"라고 스스로 묻고 있다.
이는 결국 있다는 말이다. 이러한 어법은 "내 괴로움의 이유는
무엇일까?"라고 묻는 것보다 이유의 불투명성과 복잡성을
증가시킨다.

그래서 그 다음 연의 의미는 단 한 여자를 사랑하는 일로써는
말할 것도 없고 시대를 슬퍼한 일로써도 내 괴로움의 이유를 다
풀어내지 못한다는 뜻으로 이해된다. 시인의 괴로움은 시대의
슬픔 그 자체라기보다는 그것과 상관된 내면적 혼란에서 비롯된
것이기 때문이다. 이 시의 초점은 마지막 두 연이다. 시인이
그러한 시련과 괴로움에 휩싸여 있음에도 불구하고 그의 발은
바람에 끄덕하지 않는 반석 위에 있고, 강물의 흐름에 영향을
받지 않는 언덕 위에 있다. 시인은 '바람'과 '강물'로 상징되는
시대적 흐름에 적극 참여하여 항일 행위를 조속히 실천해야
한다는 조바심을 지니고 있으나, 어떤 이유에서 그는 결단을
망설이고 그 때문에 괴로워한다.

시대적 양심의 소리에 부응한다는 것은 일제의 지배에
저항한다는 것을 의미한다. 당시 일제에 대한 저항이란
죽음을 무릅쓰는 행위이며, 그렇기 때문에 그것은 엄숙한
결단이 전제되어야 한다. 그러나 시대적 양심의 실천이 죽음의
결단이기에 그 죽음이 두려워 윤동주가 계속 망설인 것은 아니다.
윤동주에게 죽음의 결단은 오히려 문제가 되지 않는 것 같다.
그는 「십자가」라는 시에서 다음과 같이 말한다.

    쫓아오던 햇빛인데
    지금 교회당 꼭대기
    십자가에 걸리었습니다.

첨탑이 저렇게도 높은데
어떻게 올라갈 수 있을까요.

종소리도 들려오지 않는데
휘파람이나 불며 서성거리다가,
괴로웠던 사나이,
행복한 예수 그리스도에게
처럼
십자가가 허락된다면

모가지를 드리우고
꽃처럼 피어나는 피를
어두워 가는 하늘 밑에
조용히 흘리겠습니다.

  이 시의 어조는 겸허하면서도 비장하다. 내면적 진실의 힘이 강하게 전해져 오는 작품이다. 시인은 스스로 속죄양이 되고자 한다. 즉 십자가를 지고자 하는 것이다. 십자가를 지는 일은 시대적 양심을 실천하는 일과 관련이 있을 것이다. 시인은, 하느님의 선택을 받아 훌륭하게 십자가를 짊어진 예수는 차라리 행복했다고 생각하고 자신에게도 그러한 영광이 주어지면 이 어두운 시대를 위하여 기꺼이 순절하겠다고 다짐한다. 그런데 시인은 왜 십자가를 짊어진 예수를 행복하다고 말하고 자신은 괴롭다고 말하는가?
  1연과 2연에 보면, 십자가는 교회당 첨탑 위 높은 곳에 있다. 십자가를 짊어지기 위해서는 그 높은 곳까지 올라가야 한다. 교회당 꼭대기란 윤리적 종교적 삶의 완성을 암시한다고 볼 수 있다. 앞서 보았듯이, 윤동주는 사랑과 화해와 평화를 사랑하는 인물이다. 그리고 "모든 죽어가는 것을 사랑"하고자 했던 순결한 영혼의 인물이며, 또한 내면적 윤리에 철저한 종교적 인물이다.
예수가 행복했던 이유는 십자가의 죽음이 곧 사랑과 종교적
신념의 실천일 수 있었기 때문이다. 이에 반해서 윤동주가
괴로워하는 이유는, 일제에의 저항이 사랑의 실천일 수 있는가에
대한 확신이 서지 않기 때문이라고 말할 수 있다. 윤동주는,
일제에 대한 저항이 본질적 자아가 추구하는 사랑의 세계를
배반하는 일이라고 생각했던 것 같다. 그의 내면적 윤리 또는
종교적 신념은 원수까지도 사랑하기를 요구한다. 그런데 그의
시대적 양심의 소리는 일제에 대한 증오와 투쟁을 요구한다.
이 두 가지 요구 사이에서 윤동주는 괴로워했던 것 같고,
「십자가」라는 시도 이 괴로움의 고백으로 이해된다.

　일제에 대한 저항까지도 사랑의 실천에 위배된다고
괴로워하는 윤동주의 윤리적 결벽성은 심오한 것으로, 윤동주
시의 정신적 높이와 깊은 감동은 여기서 비롯되는 것이라
짐작된다.

아름다운 또 다른 고향에 가자

　　고향에 돌아온 날 밤에
　　내 백골이 따라와 한 방에 누웠다.

　　어둔 방은 우주로 통하고
　　하늘에선가 소리처럼 바람이 불어온다.

　　어둠 속에서 곱게 풍화 작용하는
　　백골을 들여다보며
　　눈물짓는 것이 내가 우는 것이냐
　　백골이 우는 것이냐

아름다운 혼이 우는 것이냐

지조 높은 개는
밤을 새워 어둠을 짖는다.

어둠을 짖는 개는
나를 쫓는 것일 게다

가자 가자
쫓기우는 사람처럼 가자
백골 몰래
아름다운 또 다른 고향에 가자.

  위 작품은 윤동주가 연희전문 4학년 1학기를 마치고 여름방학을 이용하여 고향에 가서 쓴 작품으로 짐작된다. 이 작품에서 시인은 한 단계 성숙된 갈등의 모습을 보여 준다.
  우선 백골은 작중 화자인 나의 분신이라 할 수 있다. 그 분신이 백골로 표현되어 있음은, 이미 자기의 삶에서 추방 당한 죽은 분신임을 뜻한다. 지금까지의 논의로 미루어 볼 때, 시인이 사랑하면서도 결별을 선언할 수밖에 없었던 자아는 순수 세계를 추구하던 본질적 자아였다. 그러나 그에 대한 미련이 시인의 주요 심상이었으며, 아울러 갈등의 한 축이었다. 시인이 유년 시절 체험이 담겨 있는 고향에 돌아와 화해롭던 지난 삶을 회상할 때, 본질적 자아는 마치 망령처럼 의식의 전면에 되살아난다.
  하지만 시인의 철저한 자기 인식은 고향의 방이라는 극히 개인적인 공간에서도 본질적 자아와의 해후를 허락하지 아니한다. 즉 고향의 방은 보다 큰 세계로 전개되며 소리처럼 바람이 불어와 시인의 시대적 양심을 흔든다.「무서운 시간」에서처럼 하늘에서 소리처럼 불어오는 바람이란 시대적 양심의 소리라고 할 수 있다. 이처럼 시인은 민족의 현실을 걱정하고 그에 대비하여 내면의 칼을 갈아야 한다는 현실적 자아와 아름답고 화해로운 세계의 추억 속에서 회상되는 본질적 자아 사이에서 괴로움을 느낀다. 이 괴로움은 「십자가」에서의 그것과 같은 것이다.

   그러나 이 시는 「십자가」의 괴로움에서 한걸음 더 나아간다. 3연에서 백골이 어둠 속에서 곱게 풍화작용한다는 말은 본질적 자아가 가혹한 시대 속에서 흔적도 없이 소멸됨을 뜻한다. 그리고 아름다운 혼이란 백골의 혼이라 생각된다. 조금 전에 우리는 시인의 본질적 자아는 시대적 요청에 따라 생명을 상실하고 백골이 되었다고 했으며, 그 백골마저 풍화되어 없어져 간다고 했다. 사람이 죽으면 육신과 영혼이 분리된다는 속설이 있다. 죽은 본질적 자아에서 갈라진 것이 백골과 아름다운 혼인 것이다. 본질적 자아는 아름다운 화해와 사랑의 세계를 추구했기 때문에 그 영혼은 아름다울 수밖에 없다. 그러므로 백골의 풍화 작용을 보고 눈물 흘리는 것은 아름다운 영혼이라고 해야 할 것이다. 그리고 하늘의 소리를 듣는 나는 당연히 현실적 자아를 가리킨다. 이렇게 볼 때, 백골 몰래 내가 서둘러 가고자 하는 또 다른 고향이란 시대적 양심의 실천을 통해 획득되는 세계임을 알 수 있다.

   바로 이 지점에서 중요한 변화가 포착된다. 윤동주는 시대적 양심을 실천하는 세계를 "아름다운 또 다른 고향"이라고 명명한 것이다. 지금까지 그의 시에 나타난 고뇌는 미래의 희망을 위한 투자라기보다는 현재의 내면적 완성을 위한 노력이었다고 볼 수 있다. 이러한 태도는 이 작품에서부터 약간씩 달라진다. 시인의 초점은 여전히 내면적 완성에 위치하고 있지만 미래의 희망을 중요한 동력원으로 받아들이기 시작한 것으로 보인다. 고향이 본질적 자아의 지향점이라면, 또 다른 고향은 현실적 자아의 지향점이다. 고향은 원래 아름다운 곳이었다. 시대적 양심을 실천하는 일은, 그런 고향을 배반하는 일이기에 시인은 괴로워했던 것이다. 그런데 이제 시인은 시대적 양심을 실천하는 일을 또 다른 아름다운 고향으로 가는 길이라고 생각하는 것이다.

이 시에 이르러 시인은 비로소 현실적 자아가 추구하는 세계가 그의 윤리적, 종교적, 심미적 삶의 완성에 괴리되지 않을 수 있음을 짐작하게 된 것이다. 현실적 자아가 추구하는 또 다른 고향도 아름답다고 하는 이러한 인식에서 한걸음 더 나아가면, 또 다른 고향의 추구가 결국은 고향의 포기가 아니라 고향의 회복이 된다는 인식으로 발전한다. 이제야 윤동주는 손 들어 표할 하늘을 발견하기 시작했고, 교회당의 꼭대기에 올라가 십자가를 짊어질 가능성을 확인하기 시작한 것이다.

신념이 깊은 의젓한 양처럼

항일 저항이 아름다운 고향을 배반하는 행위가 아니라 오히려 그 고향의 회복을 위한 행위라는 인식은 윤동주에게 매우 소중한 의미를 지닌다. 그는 민족적 현실을 깨닫고 시대적 양심의 소리에 따라 일제에 저항해야 한다고 스스로 마음 먹었다. 그러나 그는 그 실천에 앞서 갈등을 겪는다. 그 갈등은 일제에의 저항이 죽음의 결단을 요구하는 심각한 행위라는 점에서 비롯된 것이 아니었다. 그가 괴로워한 점은, 일제에의 저항이 당위이긴 하지만, 그것이 자신의 윤리적, 종교적 지향에 위배된다는 생각이다. 그는 모든 죽어 가는 것을 사랑하고 또 원수까지도 사랑하는 그러한 삶을 지향했다. 이러한 지향은 그로 하여금 일제에 대한 투쟁과 증오까지도 쉽게 허락하지 않았던 것이다.

그러나 윤동주는 깊은 내면적 갈등의 동굴을 지나 마침내 새로운 인식에 도달했다. 비록 새로운 인식을 얻게 되는 계기는 윤동주의 시에서 명확히 드러나지 않지만, 그는 「또 다른 고향」을 쓸 무렵부터 일제에의 저항이 그의 내면적 윤리에 어긋나지 않는 행위일 수 있다고 생각하기 시작한 것이다. 이 생각은 폐쇄적이고 개인적이고 유아적인 순수 선(善)의 세계를 극복하고, 현실적 악을 포괄하고 넘어서는 보다 크고 성숙된 선의 세계를 발견케 한다. 다시 말해 본질적 자아는 현실적 자아와의 갈등을 겪으면서 변증법적으로 심화, 발전되어 두 자아가 더 크고 성숙된 하나의 자아로 통합되고 내면적 완성에 이르게 되는 것이다.

  이러한 완성에 이르렀을 때, 그의 생활은 이제 갈등이 아니라 신념이 주도한다. 편안한 마음으로 신념에 따라 행동하는 일만이 그에게 남았다. 윤동주는 연희전문학교를 졸업하고 일본으로 가서 첫학기에 네 편의 시를 남겼는데, 여기서는 더 이상의 갈등은 보이지 않고 자신의 신념을 담담하게 확인한다. 그래서 이 시들은 모두 편안하고 긍정적인 느낌을 준다. 단 행동으로 나아가기 직전의 비장한 마음은 엿볼 수 있다. 윤동주가 마지막으로 남긴 네 편의 시는 실천적 삶의 완성을 준비하는 과정에서의 자아 성찰인데, 그것은 갈등의 전개가 아니라 신념의 확인인 것이다. 「흰 그림자」라는 시에서 그런 면을 확인할 수 있다.

      황혼이 짙어지는 길모금에서
      하루종일 시들은 귀를 가만히 기울이면
      땅거미 옮겨지는 발자취 소리,

      발자취 소리를 들을 수 있도록
      나는 총명했던가요.

      이제 어리석게도 모든 것을 깨달은 다음
      오래 마음 깊은 속에

괴로워하던 수많은 나를
하나 둘, 제 고장으로 돌려보내면
거리 모퉁이 어둠 속으로
소리 없이 사라지는 흰 그림자,

흰 그림자를
연연히 사랑하던 흰 그림자들,

내 모든 것을 돌려보낸 뒤
허전히 뒷골목을 돌아
황혼처럼 물드는 내 방으로 돌아오면

신념이 깊은 의젓한 양처럼
하루종일 시름없이 풀포기나 뜯자.

 1연에서 보듯이, 이제 시인은 땅거미 옮겨지는 발자취 소리를 들을 수 있을 만큼 총명하여졌다. 땅거미란 결국 어둠이고 또 어둠은 시대의 참혹함을 가리킨다. 따라서 시인은 이제 시대의 암흑에 대하여 뚜렷하고 정확한 인식을 갖게 되었음을 알 수 있다. 그리고 2연에서 '오래 마음 깊은 속에 괴로워하던 수많은 나를 하나 둘 제 고장으로 돌려보낸다.'는 것은, 앞서 언급한 많은 지향점들이 모두 제 위치를 찾아 갈등이 해소되었음을 말한다. 본질적 자아는 본질적 자아대로, 현실적 자아는 현실적 자아대로 자기 위치를 찾았고 종교, 인생, 윤리, 심미 등의 문제들도 안정된 하나의 구도로 수렴되었음을 말하는 것이다. 이렇게 되니 시인은 연연히 사랑하던 흰 그림자까지도 돌려 보낼 수가 있게 된다.
 흰 그림자란 흰옷 입은 사람의 그림자라고 생각할 수 있다. 흰옷 입은 사람이란 「슬픈 족속」에서 보듯이 우리 한민족을 의미한다. 일본에서 그를 따라다니는 흰 그림자는 고향에 대한 그리움이라고 생각해 볼 수도 있다. 흰옷 입은 사람들이 소박하고 평화롭게 살던 고향에 대한 그리움은 곧 본질적 자아가 머물고자 했던 그 세계이기도 하다. 그런데 시인은 이제 그 흰 그림자를 고향으로 돌려 보낸다. 시인에게는 그 고향보다 더 크고 중요한 고향, 그 고향을 포함하는 또 다른 고향을 갖게 되었기 때문이다.

　시인은 이제 흰 그림자에 연연해 하지 않아도 될 만한 자신감과 신념과 지혜가 생긴 것이다. 그리하여 시인은 모든 갈등의 요소나 마음의 부담을 다 털어 버리고 편안한 마음이 될 수 있다. 이것이 4연과 5연에서 말하는 바다. 즉 시인은 자신의 방에서 신념이 깊은 의젓한 양처럼 하루종일 시름없이 풀포기를 뜯을 수 있게 된 것이다. 「또 다른 고향」에서만 해도 시인의 방은 매우 고통스럽고 어둠이 가득 차 있었다. 시인은 그 안에서 많은 갈등 때문에 견딜 수 없어 하였다. 그러나 이 시에서 시인은 방에 앉아 있되, 신념이 깊어 의젓한 양처럼 시름이 전혀 없다. 아마도 이때 시름이란 내면적 갈등을 의미할 것이다. 이제 갈등을 극복하고 삶의 내면적 완성에 거의 도달했음을 느낄 수가 있다.

　이 시를 쓰고 난 후, 윤동주는 「흐르는 거리」, 「사랑스런 추억」, 「쉽게 씌어진 시」 등 세 편의 즐거운 시를 더 쓰고 1943년 7월 일본 경찰에 체포되어 영어의 몸이 되었다. 그리고 해방되기 직전에 이국의 감옥에서 짧은 삶을 마쳤다.

세계시인선 10 　　별 헤는 밤

1판 1쇄 펴냄 1974년 1월 1일
2판 1쇄 펴냄 1996년 8월 10일
2판 7쇄 펴냄 2013년 9월 17일
3판 1쇄 펴냄 2016년 5월 19일
3판 8쇄 펴냄 2024년 12월 23일

지은이　　윤동주
엮은이　　이남호
발행인　　박근섭, 박상준
펴낸곳　　**(주)민음사**

출판등록　1966. 5. 19. (제16-490호)
주소　　　서울시 강남구 도산대로1길 62
　　　　　강남출판문화센터 5층 (06027)
대표전화　02-515-2000　팩시밀리 02-515-2007
www.minumsa.com

ⓒ **(주)민음사**, 1974, 1996, 2016. Printed in Seoul, Korea

ISBN　978-89-374-7510-8 (04800)
　　　　978-89-374-7500-9 (세트)

* 잘못 만들어진 책은 구입처에서 교환해 드립니다.

세계시인선 목록

1	카르페 디엠	호라티우스 ǀ 김남우 옮김
2	소박함의 지혜	호라티우스 ǀ 김남우 옮김
3	욥의 노래	김동훈 옮김
4	유언의 노래	프랑수아 비용 ǀ 김준현 옮김
5	꽃잎	김수영 ǀ 이영준 엮음
6	애너벨 리	에드거 앨런 포 ǀ 김경주 옮김
7	악의 꽃	샤를 보들레르 ǀ 황현산 옮김
8	지옥에서 보낸 한철	아르튀르 랭보 ǀ 김현 옮김
9	목신의 오후	스테판 말라르메 ǀ 김화영 옮김
10	별 헤는 밤	윤동주 ǀ 이남호 엮음
11	고독은 잴 수 없는 것	에밀리 디킨슨 ǀ 강은교 옮김
12	사랑은 지옥에서 온 개	찰스 부코스키 ǀ 황소연 옮김
13	검은 토요일에 부르는 노래	베르톨트 브레히트 ǀ 박찬일 옮김
14	거물들의 춤	어니스트 헤밍웨이 ǀ 황소연 옮김
15	사슴	백석 ǀ 안도현 엮음
16	위대한 작가가 되는 법	찰스 부코스키 ǀ 황소연 옮김
17	황무지	T. S. 엘리엇 ǀ 황동규 옮김
19	사랑받지 못한 사내의 노래	기욤 아폴리네르 ǀ 황현산 옮김
20	향수	정지용 ǀ 유종호 엮음
21	하늘의 무지개를 볼 때마다	윌리엄 워즈워스 ǀ 유종호 옮김
22	겨울 나그네	빌헬름 뮐러 ǀ 김재혁 옮김
23	나의 사랑은 오늘 밤 소녀 같다	D. H. 로렌스 ǀ 정종화 옮김
24	시는 내가 홀로 있는 방식	페르난두 페소아 ǀ 김한민 옮김
25	초콜릿 이상의 형이상학은 없어	페르난두 페소아 ǀ 김한민 옮김
26	알 수 없는 여인에게	로베르 데스노스 ǀ 조재룡 옮김
27	절망이 벤치에 앉아 있다	자크 프레베르 ǀ 김화영 옮김
28	밤엔 더 용감하지	앤 섹스턴 ǀ 정은귀 옮김
29	고대 그리스 서정시	아르킬로코스, 사포 외 ǀ 김남우 옮김

30	셰익스피어 소네트	윌리엄 셰익스피어 l 피천득 옮김
31	착하게 살아온 나날	조지 고든 바이런 외 l 피천득 엮음
32	예언자	칼릴 지브란 l 황유원 옮김
33	서정시를 쓰기 힘든 시대	베르톨트 브레히트 l 박찬일 옮김
34	사랑은 죽음보다 더 강하다	이반 투르게네프 l 조주관 옮김
35	바쇼의 하이쿠	마쓰오 바쇼 l 유옥희 옮김
36	네 가슴속의 양을 찢어라	프리드리히 니체 l 김재혁 옮김
37	공통 언어를 향한 꿈	에이드리언 리치 l 허현숙 옮김
38	너를 닫을 때 나는 삶을 연다	파블로 네루다 l 김현균 옮김
39	호라티우스의 시학	호라티우스 l 김남우 옮김
40	나는 장난감 신부와 결혼한다	이상 l 박상순 옮기고 해설
41	상상력에게	에밀리 브론테 l 허현숙 옮김
42	너의 낯섦은 나의 낯섦	아도니스 l 김능우 옮김
43	시간의 빛깔을 한 몽상	마르셀 프루스트 l 이건수 옮김
44	작가	호르헤 루이스 보르헤스 l 우석균 옮김
45	끝까지 살아 있는 존재	보리스 파스테르나크 l 최종술 옮김
46	푸른 순간, 검은 예감	게오르크 트라클 l 김재혁 옮김
47	베오울프	셰이머스 히니 l 허현숙 옮김
48	망할 놈의 예술을 한답시고	찰스 부코스키 l 황소연 옮김
49	창작 수업	찰스 부코스키 l 황소연 옮김
50	고블린 도깨비 시장	크리스티나 로세티 l 정은귀 옮김
51	떡갈나무와 개	레몽 크노 l 조재룡 옮김
52	조금밖에 죽지 않은 오후	세사르 바예호 l 김현균 옮김
53	꽃의 연약함이 공간을 관통한다	윌리엄 칼로스 윌리엄스 l 정은귀 옮김
54	패터슨	윌리엄 칼로스 윌리엄스 l 정은귀 옮김
55	진짜 이야기	마거릿 애트우드 l 허현숙 옮김
56	해변의 묘지	폴 발레리 l 김현 옮김
57	차일드 해럴드의 순례	조지 고든 바이런 l 황동규 옮김

58	우리가 길이라 부르는 망설임	프란츠 카프카 ǀ 편영수 옮김
59	바이올린과 약간의 신경과민	블라디미르 마야콥스키 ǀ 조규연 옮김
60	두이노의 비가	라이너 마리아 릴케 ǀ 김재혁 옮김